DU

DROIT ÉLECTORAL

PAR

M. BRIAUNE,

Ancien Conseiller général de l'Indre.

PARIS,

DENTU, LIBRAIRE, PALAIS ROYAL.

1874.

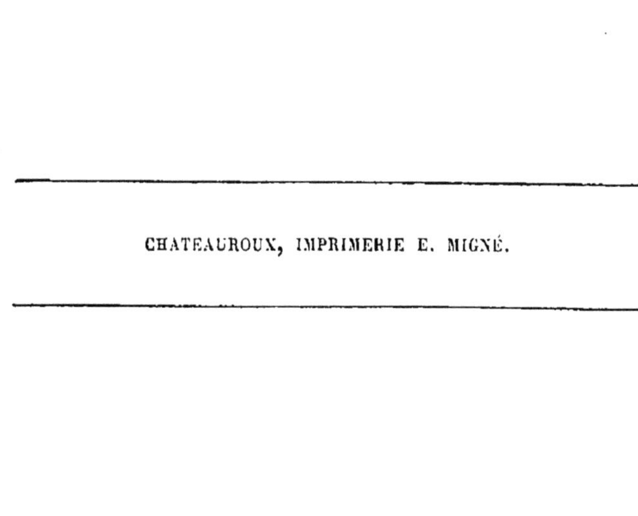

CHATEAUROUX, IMPRIMERIE E. MIGNÉ.

DU DROIT ÉLECTORAL

La France est-elle en voie de décadence, et la bravoure de nos armées, les découvertes de nos savants, les progrès de notre industrie ne sont-ils que des éclats de lumière qui paraissent d'autant plus vifs au moment du déclin que l'atmosphère est moins pure? Ou bien notre siècle est-il une de ces époques de transformation pendant lesquelles les éléments désagrégés cherchent les lois d'une nouvelle cohésion? Ou bien enfin ces éléments discordants attendent-ils pour former un nouvel être social l'intrusion d'une puissance étrangère qui les dompte et les domine pour se les assimiler?

Questions réservées par la Providence et dont la sagesse humaine ne peut tout au plus qu'adoucir les accidents de la solution. Mais ne le pourrait-elle pas qu'elle devrait l'entreprendre; car Dieu, en nous donnant la raison et le sentiment du libre-arbitre, nous a par cela même admis à coopérer aux événements de la vie individuelle et de la vie publique; et renier cette tâche est une lâcheté envers nous-mêmes et une ingratitude envers lui.

J'oublie donc mon âge et mon amour de l'obscurité pour venir exposer mes idées en public et travailler pour ma part à la conservation sociale par la satisfaction légitime de tous les droits.

Les sociétés, comme la nature, se composent de forces. Celles de la nature, réglées fatalement par Dieu, produisent par leur concordance cette admirable harmonie de l'univers matériel devant lequel l'esprit s'incline et s'humilie. Celles des sociétés, laissées, en apparence du moins, à la disposition de la raison humaine, se trouvent rarement en rapport assez exact pour donner le plus grand effet utile, et, trop souvent cherchant à se dominer l'une l'autre, se neutralisent, entravent le progrès, détruisent la prospérité publique et bouleversent l'État jusque dans ses fondements. C'est ainsi que depuis moins d'un siècle la France a vu s'écrouler sept gouvernements qui, tour à tour, avaient été trop exclusifs.

Trois forces résident dans toute société : le nombre, l'intelligence et le capital. Ne tenir compte que de l'une d'elles c'est s'exposer ou à être renversé par les deux autres, ou à les amoindrir à tel degré que l'État affaibli ne pourrait se soutenir contre les États rivaux, et finirait d'ailleurs par s'affaisser sur lui-même. En effet, si vous pesez sur le nombre, il s'énerve dans la misère, s'abrutit dans l'ignorance, et, se vautrant dans la boue des passions, y dépérit, s'il n'en sort comme un animal affamé qui ne voit dans le gouvernement qu'un ennemi et dans la société qu'une proie. Si vous comprimez l'intelligence elle entasse ses inimitiés dans le secret de ses pensées, elle s'évertue à chercher une issue et, quand elle réussit, elle écrase son tyran sous le poids de ses fautes et du mépris universel. Enfin si vous vous attaquez au capital, il vous fuit et, portant sa force chez vos voisins et vos rivaux, il vous affaiblit en raison composée du vide qu'il fait à l'intérieur et de la puissance qu'il augmente à l'extérieur. Lorsque se produisent de telles erreurs, les révolutions et les réactions se succèdent jusqu'à ce que la société succombe par la dépopulation, l'ignorance et la misère. Sans doute la sagesse humaine ne peut coordonner les forces sociales avec une exactitude de rapports qui ne peut être que l'œuvre de l'intelligence divine, mais c'est à s'en rapprocher qu'il faut tendre.

Aujourd'hui, le gouvernement de la société française est abandonné au nombre ; et une législation insensée a cru faire acte de justice entre les intérêts sociaux en les appelant pêle-mêle au suffrage universel.

Ses résultats sont assez évidents pour qu'il soit inutile d'en montrer le danger. D'un côté, l'ignorance envieuse et présomptueuse des uns n'a cessé de pousser l'État vers l'anarchie et la ruine de l'industrie, de la propriété et de la richesse publique ; de l'autre, l'ignorance honnête mais timide des autres n'a vu de salut qu'en livrant l'État à la dictature ; et l'intelligence n'a été écoutée que lorsqu'elle s'est dépravée et mise au service des passions ou de la servitude. La religion, hypocritement invoquée d'abord au profit d'une égalité impossible, n'a cessé ensuite d'être outragée par ceux qui l'appelaient à bénir leurs arbres de liberté ; la morale publique a été pervertie par les plus étranges systèmes ; le patriotisme s'est engourdi dans l'indifférence de l'égoïsme ; les parties du territoire non envahies par l'ennemi ont entendu des propositions de séparation pour n'avoir pas à défendre la patrie commune. Enfin nous en avons été réduits à nous faire une consolation et même un sujet de gloire d'avoir payé à l'ennemi le prix énorme de notre rançon.

Voilà ce qu'a produit l'action unique et intempérée du nombre ; et ce n'est que le début des maux qu'elle promet si, se continuant, elle finit par affaisser l'intelligence et par accabler la richesse et la propriété.

Les gémissements secrets ou publics ne servent de rien, les palliatifs sont sans valeur ; il ne faut se préoccuper ni des chances de sa réélection, ni de la popularité de son parti, mais n'avoir que le salut de la France en vue et asseoir le droit électoral sans partialité, sans peur et sans faiblesse, sur les trois forces sociales qui concourent au maintien de la conservation, de la prospérité sociale et de la puissance nationale.

Avant de faire la part d'action de chacune de ces forces, il convient d'en séparer les hommes qui, par la sublimité de leur mission, la majesté de leurs fonctions et leur dévouement nécessaire à l'ordre public, ne doivent pas compromettre le respect qui leur est dû dans des luttes électorales.

La souveraineté suprême réside en Dieu seul, et les ministres de son culte, les dépositaires de ses lois, les prédicateurs de sa morale doivent planer au-dessus des discussions et des affaires politiques s'ils veulent conserver intact le droit de tracer aux passions que la loi humaine ne peut réprimer, à la société tout entière qui s'égare, le cercle de la justice suprême, et leur dire : tu n'iras pas plus loin. Quelques votes de plus ou de moins dans un scrutin ne sont pas à mettre en balance avec la nécessité, la grandeur et l'utilité d'une telle mission.

La justice humaine est fille du ciel ; c'est, comme le dit l'apôtre, la vraie lumière qui éclaire tout homme venant en ce monde. Il ne faut donc pas que ceux qui en sont les organes et les distributeurs puissent être soupçonnés de la laisser obscurcir par des préférences et des ressentiments politiques. Au milieu d'une société où ceux qui ont perdu la foi religieuse cherchent à l'ébranler et à la détruire chez les autres, c'est une question de vie ou de mort que de conserver la croyance en la justice ; et l'un des moyens les plus sûrs est de garantir le magistrat impassible sur son siége contre ses propres entraînements et surtout contre les atteintes d'adversaires électoraux.

La loi éloigne déjà l'armée du scrutin, ce n'est pas seulement une affaire de discipline c'est une garantie contre la guerre civile. L'une des gloires de l'armée française c'est d'être restée constamment l'appui de l'ordre au milieu de nos révolutions répétées. En l'appelant aux luttes électorales on finirait par l'entraîner dans la division des partis ; et l'exemple funeste de la Pologne prouve de reste que l'homme armé est toujours disposé à appeler de la décision des Assemblées au sort aveugle des armes.

Après avoir placé en dehors de l'agitation des intérêts et des partis ceux qui, comme les rois dans les gouvernements parlementaires, doivent être inviolables et sacrés, on arrive à ceux qu'il faut appeler aux urnes électorales.

L'action de choisir des législateurs généraux ou locaux n'est pas simplement l'exercice d'un droit personnel que l'on tient de sa liberté naturelle, des charges que l'on supporte dans l'État et des intérêts que l'on a à défendre. S'il en était ainsi, les femmes et les mineurs auraient les mêmes droits que les hommes et les majeurs, car le législateur les atteint également dans leurs personnes et dans leurs biens. Mais l'électorat est en même temps un droit et une fonction par laquelle l'électeur agit pour lui et pour ceux auxquels la société par diverses raisons ne croit pas devoir accorder sa confiance et remettre ses destinées. La sagesse veut donc que l'on trouve dans l'électeur des garanties et des conditions comme dans tout autre fonctionnaire public, et que l'on fasse concorder ainsi le droit personnel et l'intérêt des représentés.

La première garantie se trouve dans l'âge. On semble généralement d'accord à le fixer à vingt-cinq ans. C'est en effet à cet âge que la majorité est complète et que l'homme peut disposer librement de sa personne comme de ses biens.

A la maturité de l'âge, tous les partis consentent à joindre un domicile certain. Cette garantie n'a pas seulement pour but d'empêcher des doubles votes et des fraudes, elle met encore en dehors du corps électoral les hommes qui vaguant à la superficie de la société ne font réellement pas corps avec elle. Mais à côté de la question générale et théorique se placent des questions secondaires et pratiques. Dans la loi civile, le domicile ne s'acquiert complètement que par an et jour; mais la loi qui confie une fonction publique peut être plus exigeante. Il semble néanmoins qu'en demandant un domicile de deux ans, on pose une condition trop rigoureuse et qui peut écarter du scrutin beaucoup de gens dignes d'y être appelés. Si l'on considère d'abord les employés et les ouvriers, on rejette sans autre examen des hommes que leur mérite et leur bonne conduite ont pu faire appeler ou diriger vers le lieu de leur résidence actuelle. On exclut encore momentanément les fermiers, les ouvriers agricoles qui, souvent en passant d'une commune, d'un canton, d'un arrondissement et même d'un département dans un autre limitrophe, se sont à peine éloignés de quelques lieues du lieu d'un domicile longtemps prolongé, mais qui, par apathie, par mécontentement, par économie, n'iront pas réclamer leur inscription et déposer leurs votes dans le lieu de leur ancien domicile conservé par la loi. Le commerçant qui sera venu établir sa maison et son industrie dans une ville qu'il n'habitait pas précédemment, l'avocat, l'avoué, le médecin, le propriétaire lui-même, seront exposés à la même méfiance provisoire pendant deux années entières. Ainsi, pour exclure quelques artisans de désordre ambulants, on s'expose à perdre beaucoup de votes honnêtes et importants.

Le but rationnel en soi que l'on se propose serait plus sûrement et plus équitablement atteint en fixant le domicile nécessaire à six mois d'habitation réelle, à charge de remplir les formalités prescrites par l'article 104 du code civil et de fournir la preuve d'un domicile de deux ans antérieur à la nouvelle résidence.

Mais il ne suffit pas d'avoir acquis une certaine maturité d'âge et conservé un domicile plus ou moins long pour offrir à la société toutes les garanties dont elle a besoin. Il faut encore que vous ayez accepté les charges nécessaires à sa défense et à sa conservation.

L'obligation d'avoir satisfait à la loi militaire a toujours été prescrite. Mais il est une désertion que n'avaient pas prévue les gouvernements précédents, celle de la famille. La population de la France après être restée stationnaire a commencé à décroître, tandis que la naissance des enfants illégitimes va sans cesse croissant. Ces deux maux tendent simultanément à détruire notre puissance industrielle et politique, et à relâcher le lien social qui commence à la famille et se termine à l'État. Or la loi peut-elle confier à celui qui, par immoralité ou par égoïsme, se retire du lien social le soin d'influer par son vote sur sa conservation? Peut-elle remettre le sort de la patrie à celui qui par égoïsme décline la charge de lui donner des défenseurs? Poser cette question c'est la résoudre pour quiconque, connaissant l'influence désastreuse du célibat à l'époque de la décadence romaine, a le sentiment du patriotisme et quelque prévoyance de l'avenir.

Peut-être faut-il alléger le joug du mariage. L'homme répond sur sa fortune et sur son honneur de la conduite de sa femme; et cette responsabilité ne cesse pas entièrement par la séparation de corps. Il y aurait donc allégement à ordonner que pendant la séparation le mariage serait considéré comme dissous quant à ses effets civils, sauf à les produire de nouveau en cas de réconciliation. Il ne serait pas non plus sans influence salutaire de permettre aux maris le refus des dettes contractées par le luxe et la dissipation des femmes. Enfin les époux doivent trouver dans une plus grande sévérité des peines prononcées contre l'adultère une sécurité que l'affaiblissement des croyances religieuses, l'influence pernicieuse des publications malsaines, l'entraînement d'un luxe désordonné, tendent de plus en plus à troubler.

En résumé, la famille étant l'élément primordial de la société, ceux là seuls qui en sont les chefs et les représentants doivent être appelés à conserver et à régir la grande famille sociale.

Mais à côté des chefs de la famille constituée par l'union conjugale, il s'en trouve d'autres qui, par le choix, par la piété filiale, par le dévouement fraternel, par un esprit de bienveillance, se trouvent aussi des chefs de famille; les tuteurs élus par le père ou par les parents des orphelins; les fils de femmes veuves ou de parents vieux et infirmes qui habitent avec eux et les soutiennent par leur travail; les aînés d'orphelins qui contribuent à leur nourriture ou à leur éducation; puis les pères adoptifs et les tuteurs officieux. Tous concourent à maintenir la famille et la population.

Il est encore des hommes qui, par les services rendus à la patrie, font l'on peut dire partie de toutes les familles. Ainsi le soldat qui a blanchi sous les armes ou qui s'est retiré infirme ou blessé, l'homme de science ou d'industrie qui a sacrifié son existence à des découvertes dont l'utilité a été reconnue par des juges compétents méritent assurément la confiance publique comme une noble récompense de leurs fatigues et de leurs travaux. Tels sont ceux qui sont vraiment dignes d'exercer le droit et le mandat électoral.

Le corps électoral ainsi formé, il reste à déterminer le mode d'action des forces qui le composent.

La famille étant l'élément initial de la société, c'est par la première agglomération des familles en petites cités que commencent les plus grands États et que doivent aussi commencer les constitutions politiques. En agir autrement, c'est entreprendre la construction d'un édifice par la toiture en la faisant reposer sur des étais que le premier ouragan emporte.

Dans cette agglomération primitive de la cité, désignée aujourd'hui par le nom de commune, se trouvent l'intelligence, le capital et le nombre.

Il serait difficile de préciser dans quelle mesure l'intelligence est répartie entre le capital et le nombre. Mais si l'on considère que le désir d'acquérir, le soin de conserver, la nécessité des affaires, l'extension des relations et le loisir lui-même contribuent à développer l'intelligence : il la faut présumer de fait chez le possesseur du capital. Dans le nombre, au contraire, l'esprit, courbé par le travail du corps, la pensée, limitée par les besoins journaliers, ne trouvent ni l'occasion ni la facilité de réfléchir sur les faits généraux. Alors, l'intelligence de ces faits ne se révèle qu'à ces natures d'élite qui semblent tenir d'elles-mêmes ce que les autres n'acquièrent que par l'étude et l'expérience.

Pour les possesseurs du capital, l'intelligence étant une simple conséquence présumée de la possession, les représentants naturels du capital doivent être les plus imposés.

Pour le nombre, l'intelligence politique étant une exception plus ou moins étendue, c'est par l'élection qu'elle peut et doit être reconnue.

Or, le capital et le nombre ayant un intérêt évident à se faire représenter par les plus intelligents, et leurs droits étant égaux, la raison et l'équité veulent que le gouvernement municipal soit confié par moitié aux plus imposés et à des représentants élus.

Mais les plus petites communes ont tout à la

fois des intérêts généraux et des intérêts partiels très-divers et parfois même opposés. Pour éviter l'oppression, pour amener les conciliations et relier les familles par le sentiment de l'équité et du bien commun, il est nécessaire que chaque section communale puisse faire valoir ses droits. Par conséquent, chaque commune doit être divisée en autant de sections qu'elle a de conseillers municipaux à élire.

La commune ainsi constituée se rattache à des agglomérations plus considérables qui forment les provinces ou les départements, et par ceux-ci, à la société générale de l'État.

Les départements et l'État ont ensuite à se constituer successivement, et, comme ils ne sont en réalité que des associations de communes, c'est dans celles-ci qu'il faut chercher les éléments de leur constitution.

A mesure que le cercle des affaires s'agrandit et que leur importance augmente, il se trouve moins d'hommes capables de les traiter et il devient plus difficile d'apprécier la capacité nécessaire. Il est donc de l'intérêt général des communes de déléguer, pour faire cette appréciation, ceux qui, dans chacune d'elles, sont réputés les plus intelligents; et ce mandat incombe naturellement à leurs conseils municipaux. Mais pour apprécier les hommes il faut les connaître, et, par conséquent, deux conditions sont nécessaires : une délimitation suffisante pour y trouver les capacités et en même temps assez restreinte pour que leur appréciation soit plus facile et plus sûre.

La division par cantons a, pour les conseils généraux, la sanction de l'expérience. La division par arrondissements, pour l'assemblée législative, a pour elle les principes et la raison.

Cette division établie et le choix des candidats remis aux conseils municipaux, réunis par cantons et par arrondissements, il reste la question de savoir s'ils doivent en présenter un ou plusieurs pour la même fonction ? Le simple bon sens indique qu'on ne peut tout à la fois les reconnaître comme les plus capables d'apprécier les candidats et leur dénier cette capacité. Or, rester incertain et flottant entre la valeur intellectuelle et morale de plusieurs personnes, ce n'est pas apprécier, ce n'est pas juger, c'est remettre le jugement à autrui. Autant serait d'un tribunal qui, ayant à juger en premier ressort, renverrait la décision à la cour d'appel. Ici, comme dans le système judiciaire, le choix n'est pas une décision souveraine, mais il faut qu'il soit fait pour que le suffrage universel en prononce l'adoption ou le rejet.

Si le nombre adopte le candidat présenté, l'opération électorale est terminée ; s'il le rejette, elle est à recommencer. En logique absolue, le droit de rejet devrait être illimité. Mais la marche du gouvernement général en serait entravée, et le bien public exige qu'arrivé à une certaine limite, le droit s'arrête provisoirement. On peut fixer cette limite au refus successif de trois candidats. Alors il est une voie de décision temporaire qui n'est blessante pour personne : c'est la voie du sort. En lui remettant la désignation de l'un des trois candidats pour remplir, pendant l'année courante, la fonction qui fait l'objet de l'élection, l'action gouvernementale continue librement sa marche, et l'on donne aux esprits le temps de s'éclairer, de s'entendre et de se concilier.

Du reste, que l'on ne se fasse pas un fantôme de ces luttes électorales. Bien que possibles, elles seraient en réalité plus rares que les esprits timorés ou turbulents ne pourraient le craindre ou l'espérer. Les électeurs, chargés de présenter les candidats ne pouvant rien sans la sanction du nombre, chercheraient des candidats qui lui fussent agréables ; et le nombre, parmi lequel on ne pourrait faire surgir de popularités factieuses, accepterait des candidats raisonnables. Ainsi, à part la confiance naturelle accordée dans chaque localité aux conseils municipaux, on tendrait des deux côtés à se concilier par l'impossibilité de dominer.

En examinant ce système électoral sans parti pris, on voit qu'il ne restreint en aucune façon le suffrage universel. En effet, dans toute élection se trouvent deux actions distinctes : le choix des candidats qui, sous quelqu'apparence que ce soit, se fait toujours par un nombre restreint d'électeurs ; et la sanction du choix, réservée nécessairement au grand nombre. Ainsi, le seul changement proposé se trouve dans l'attribution légalement conférée aux conseils municipaux d'un mandat abandonné jusqu'ici au despotisme, aux importants, et trop souvent aux ambitions factieuses. Quant au suffrage universel, l'exercice de son droit reste absolument le même : il reste intact et direct, car il est impossible de confondre la présentation avec la délégation du suffrage à deux degrés.

Mais la constitution d'un corps législatif unique ne peut satisfaire les besoins des sociétés modernes. Nous avons tout à la fois le besoin de croire à l'avenir pour nos projets et le désir du changement causé par nos mécomptes. Dans les monarchies, on croit à la durée en se confiant à la vie du prince et à la transmission dynastique, et l'on espère le changement de la disgrâce des ministres. Dans les États libres, on tâche de satisfaire ces deux besoins contradictoires en plaçant à côté du corps législatif une assemblée dont le pouvoir modérateur tempère les effets mêmes des changements, et dont le mandat, plus longtemps prolongé et partiellement renouvelé, conserve les traditions et maintient la vie publique, sinon dans une même direction, du moins avec le moins d'écarts possible. Enfin, par la nature même de sa constitution et de son mandat, elle offre aux nations étrangères un gage de durée et de constance de volonté sans lesquelles il ne peut y avoir de sécurité dans les traités et de foi dans les alliances.

La nature même d'un tel pouvoir exige que sa formation présente des garanties électorales particulières.

Pour qu'il soit respecté à l'extérieur, il faut qu'il soit formé d'hommes déjà éprouvés dans la carrière politique. Ainsi, les candidats doivent satisfaire à des conditions spéciales d'éligibilité.

Pour que sa voix prédomine dans les luttes intérieures, il faut que ceux qui en sont revêtus prennent place par le plus grand nombre de suffrages possible et soient, par conséquent, élus par départements.

Pour que son esprit soit en même temps conservateur et libéral, il faut que les suffrages soient comptés proportionnellement au besoin d'ordre et à la valeur intellectuelle de chaque électeur. Cette condition ramène à la division par centuries ou par classes, qui fut à Rome et à Athènes la base fondamentale de l'ordre et de la liberté.

Notre mode d'élections exclut le nombre trop grand des centuries romaines et notre état démocratique est plus en rapport avec les lois d'Athènes, divisant les citoyens en quatre classes. Sans doute, chez nous, comme dans ces républiques, il faut prendre pour base le capital matériel, mais il faut encore tenir compte du capital employé au développement de l'intelligence. Ainsi, après avoir divisé les électeurs de chaque département en quatre centuries payant chacune une même somme de contributions directes, à commencer par les plus imposés, il faut imputer à chaque électeur le capital jugé nécessaire pour parvenir aux diplômes des écoles publiques qu'il lui a fallu obtenir pour exercer sa profession et développer son intelligence. Si ce capital est évalué à 20,000 francs représentant un revenu viager de 2,000 francs, et que l'impôt soit considéré comme le cinquième du revenu foncier, le diplôme devra être rangé dans la même centurie que les contribuables payant 400 francs d'impôts.

Alors la première centurie comprendra évidemment les plus imposés et les plus éclairés. Par cela même, son rôle dans l'élection de l'assemblée sénatoriale doit être le même que celui des conseils municipaux dans l'élection de l'assemblée législative : l'appréciation et le choix du candidat à élire pour chaque fonction, en réservant la sanction à la majorité des trois autres centuries.

Toutefois, comme une assemblée sénatoriale doit, pour offrir un gage de sécurité, être élue à long terme, et, pour conserver les traditions, n'être renouvelée que partiellement, on pourrait, sans nuire à son fonctionnement, laisser aux trois centuries le droit absolu et illimité de rejeter des candidats présentés par la première.

Une assemblée ainsi formée de membres déjà illustrés par des services publics également constatés, présentés au suffrage par les citoyens les plus imposés et les plus éclairés, adoptés par la majorité nationale, devrait commander le respect à l'intérieur et la confiance à l'extérieur.

Si l'on examine avec attention le système électoral qui vient d'être exposé, on voit qu'il tient compte des trois forces sociales ; qu'il assigne et mesure leur action suivant la nature même de leurs éléments ; qu'il tend à reconstituer le lien moral de la famille en faisant de ses devoirs la base du droit de cité ; qu'il concilie le capital et le nombre par la médiation de l'intelligence et par la nécessité des concessions réciproques ; enfin, que le même principe qui a servi à poser les bases de l'édifice constitutionnel se retrouve sans déviation pour en élever le faîte. Dès lors, si le principe est juste, les conséquences sont rationnelles et incontestables.

Les habiletés de détail peuvent tromper sur la solidité de constructions défectueuses, mais on ne tarde pas à reconnaître qu'il eût fallu reprendre l'édifice par sa base. Les palliatifs peuvent tromper momentanément sur le danger des plaies, mais les remèdes seuls peuvent rendre la santé. Le provisoire et l'espérance conduisent aux ruines et à la mort; la raison et la volonté sont, après la grâce de Dieu, les seuls moyens de salut.

www.ingramcontent.com/pod-product-compliance
Ingram Content Group UK Ltd.
Pitfield, Milton Keynes, MK11 3LW, UK
UKHW020412250726
13967UKWH00006B/2610